PRODUCTIVIDAD DIGITAL

Herramientas y técnicas para maximizar tu tiempo y energía

Mirlo Desolado

CONTENIDO

1. INTRODUCCIÓN

*¿Por qué es importante la gestión
del tiempo y la productividad
en la era digital?*

En la era digital, el tiempo y la productividad se han convertido en dos recursos de gran valor para lograr el éxito y alcanzar nuestras metas. Saber gestionarlos eficientemente es **esencial para obtener resultados óptimos y maximizar nuestro potencial.** Pero, ¿cómo podemos conseguirlo? ¿Cómo podemos mantener el enfoque y la concentración en un mundo lleno de distracciones y ruido? ¿Cómo podemos manejar el estrés y la ansiedad para mejorar nuestro rendimiento y bienestar? En este libro encontrarás **herramientas, técnicas y estrategias prácticas** para ayudarte a gestionar tu tiempo y aumentar tu productividad en la era digital. Descubre cómo identificar tus prioridades, manejar el estrés, cultivar hábitos positivos y mantener la motivación a largo plazo. ¡Prepárate para maximizar tu potencial y lograr tus objetivos con éxito!

2. CÓMO DETERMINAR TUS PRIORIDADES

Identifica tus objetivos y metas para maximizar tu tiempo y energía.

En este mundo cada vez más ocupado y estresante, es fácil perder el rumbo y perder de vista nuestras metas y objetivos. Pero, ¿cómo podemos determinar nuestras prioridades y enfocar nuestros esfuerzos en lo que realmente importa? **El primer paso es identificar nuestros objetivos y metas** para maximizar nuestro tiempo y energía.

Pregúntate: ¿qué es lo que realmente quiero lograr? ¿Cuáles son mis objetivos a largo plazo? ¿Qué pasos puedo dar para alcanzarlos? A veces, nuestras metas pueden ser tan grandes y abrumadoras que no sabemos por dónde empezar. En esos casos, es útil desglosarlas en metas más pequeñas y manejables.

Una vez que tengas una lista de tus objetivos y metas, **es importante establecer prioridades.** ¿Qué objetivos son más importantes que otros? ¿Cuáles tienen plazos más urgentes? Haz una lista de tus objetivos en orden de prioridad y enfoca tus esfuerzos en los más importantes.

Recuerda, no se trata solo de trabajar duro, sino también de trabajar inteligentemente. A veces, puede ser tentador pasar todo el día ocupado y sentir que hemos logrado mucho, pero si no estamos avanzando hacia nuestras metas, simplemente estamos perdiendo el tiempo.

Por eso es importante **dedicar tiempo a reflexionar sobre lo que es realmente importante y priorizar** en consecuencia. Al hacerlo, podemos maximizar nuestro tiempo y energía y avanzar de manera significativa hacia nuestras metas y objetivos.

3. HERRAMIENTAS Y TÉCNICAS DE PRODUCTIVIDAD

Usa herramientas y técnicas efectivas para mejorar tu eficiencia y organización.

En este apartado, vamos a explorar algunas herramientas y técnicas que te ayudarán a mejorar tu productividad. Muchas personas se sienten abrumadas por la cantidad de trabajo que tienen que hacer cada día y no saben por dónde empezar. Pero con **las herramientas adecuadas y un poco de planificación**, puedes ser mucho más eficiente y aprovechar mejor tu tiempo.

Una de las herramientas más útiles es **un calendario o agenda**. Un calendario te permite programar tus tareas y eventos para que no se te olvide nada importante. Puedes utilizar un calendario de papel o uno digital, dependiendo de tus preferencias y necesidades. Si usas un calendario digital, asegúrate de sincronizarlo con todos tus dispositivos para que puedas acceder a él en cualquier momento.

Otra herramienta que te ayudará a mejorar tu productividad es **un gestor de tareas**. Un gestor de tareas es una aplicación que te permite hacer una lista de todas las tareas que tienes que hacer y organizarlas por orden de importancia. De esta manera, puedes enfocarte en las tareas más importantes y dejar las menos importantes para después. Algunos gestores de tareas populares incluyen **Trello**, **Asana** y **Todoist**.

También es importante tener **un sistema de archivo eficiente para tus documentos** y otros archivos importantes. Si tienes una gran cantidad de archivos desorganizados en tu ordenador, puede ser difícil encontrar lo que necesitas cuando lo necesitas. Una buena opción es utilizar un sistema de almacenamiento en la nube, como **Google Drive o Dropbox**, para que puedas acceder a tus archivos desde cualquier lugar y mantenerlos organizados.

Además de las herramientas mencionadas anteriormente, hay algunas técnicas que pueden ayudarte a ser más productivo. Una de ellas es la técnica Pomodoro, que consiste en trabajar durante períodos de tiempo de 25 minutos, seguidos de un breve descanso. Este enfoque te ayuda a concentrarte en una tarea durante un período de tiempo específico y a evitar distracciones.

Otra técnica útil es la matriz de Eisenhower, que te ayuda a determinar la importancia y la urgencia de tus tareas. Esta matriz se divide en cuatro cuadrantes: importante y urgente, importante pero no urgente, no importante pero urgente y no importante ni urgente. Al utilizar esta matriz, puedes identificar las tareas que son realmente importantes y enfocarte en ellas primero.

En resumen, las herramientas y técnicas de productividad pueden ayudarte a **ser mucho más eficiente y aprovechar mejor tu tiempo.** Si te sientes abrumado por la cantidad de trabajo que tienes que hacer, prueba algunas de las herramientas y técnicas mencionadas anteriormente para ver cómo pueden mejorar tu productividad.

4. ENFOQUE Y CONCENTRACIÓN

Cómo mantener el enfoque en tareas importantes y evitar las distracciones.

En el mundo digital de hoy en día, es fácil distraerse con las múltiples notificaciones, correos electrónicos y redes sociales. La falta de enfoque y concentración puede ser uno de los mayores obstáculos para la productividad. Es por eso que en este apartado vamos a profundizar en cómo **mantener el enfoque en tareas importantes y evitar las distracciones.**

Primero, es importante tener claro cuáles son tus prioridades y objetivos, para poder enfocar tus esfuerzos en las tareas que realmente importan. Luego, es necesario establecer un entorno de trabajo adecuado, libre de distracciones, para poder centrarse en las tareas importantes. Por ejemplo, apagar el teléfono móvil, cerrar las redes sociales y establecer un horario específico para revisar el correo electrónico.

Otra técnica efectiva es **la técnica Pomodoro**, que consiste en trabajar en bloques de tiempo de 25 minutos seguidos de un breve descanso de 5 minutos. Esta técnica ayuda a mantener el enfoque y a evitar la fatiga mental.

También es importante tener en cuenta la calidad de la tarea que estás realizando, ya que a veces es fácil confundir estar ocupado con ser productivo. Por eso, es necesario dedicar tiempo a tareas que realmente importen y que tengan un impacto significativo en tus objetivos.

En resumen, **mantener el enfoque y la concentración es fundamental para la productividad** en la era digital. Identificar tus prioridades y objetivos, establecer un entorno de trabajo adecuado y utilizar técnicas efectivas como la técnica Pomodoro, te ayudarán a evitar distracciones y a mantener el enfoque en las tareas importantes.

5. GESTIÓN DEL ESTRÉS Y LA ANSIEDAD

Maneja el estrés y la ansiedad para mejorar tu rendimiento y bienestar.

La gestión del estrés y la ansiedad es fundamental para mejorar tu rendimiento y bienestar. En la era digital, es fácil sentirse abrumado por el flujo constante de información y las demandas del trabajo y la vida personal. La buena noticia es que **existen herramientas y técnicas efectivas para manejar el estrés y la ansiedad**, y mejorar tu capacidad para concentrarte y ser productivo.

En este capítulo, exploraremos diversas estrategias para manejar el estrés y la ansiedad de manera efectiva. Desde la meditación y la respiración consciente hasta la planificación y el establecimiento de límites saludables, aprenderás técnicas prácticas que puedes aplicar en tu vida diaria. También descubrirás cómo el sueño, la nutrición y el ejercicio pueden ayudarte a reducir el estrés y aumentar tu bienestar general.

Aprenderás a identificar los síntomas del estrés y la ansiedad, y a tomar medidas para prevenir su impacto negativo en tu rendimiento y salud. Descubrirás cómo **las emociones y**

pensamientos negativos pueden desencadenar el estrés, y cómo transformarlos en una mentalidad más positiva y proactiva. Además, exploraremos cómo los factores externos, como el entorno y las relaciones interpersonales, pueden afectar tu bienestar y qué puedes hacer al respecto.

Al final de este capítulo, tendrás **una amplia gama de herramientas y técnicas** para manejar el estrés y la ansiedad de manera efectiva. Estarás mejor equipado para concentrarte en tus tareas importantes, ser más productivo y mejorar tu bienestar general. ¡Sigue leyendo para descubrir cómo puedes mejorar tu capacidad para manejar el estrés y la ansiedad y mejorar tu vida diaria!

5.1. Herramientas Y Técnicas Para Manejar El Estrés Y La Ansiedad

Aquí te presento algunas herramientas y técnicas que puedes utilizar para manejar el estrés:

1. **La respiración profunda:** Tomar respiraciones profundas y lentas puede ayudar a reducir los niveles de estrés. Inhala profundamente por la nariz y exhala por la boca lentamente.
2. **La meditación:** La meditación es una práctica que puede ayudar a calmar la mente y reducir los niveles de estrés. Busca una postura cómoda, enfoca tu atención en tu respiración y trata de mantener la mente en blanco.
3. **La visualización:** La visualización consiste en imaginar un lugar o situación que te haga sentir relajado y feliz. Siéntate en un lugar tranquilo, cierra los ojos e imagina un lugar que te haga sentir en paz.
4. **La relajación muscular progresiva:** Esta técnica consiste en tensar y relajar los músculos del cuerpo de manera consciente. Comienza por tensar los músculos de los pies y luego relájalos. Continúa con los músculos de las piernas, los brazos, el abdomen y la cara.
5. **La actividad física:** El ejercicio físico puede ayudar a reducir los niveles de estrés y mejorar el estado de ánimo. Realiza actividades como caminar, correr, nadar o practicar yoga.
6. **La planificación y organización:** La planificación y la organización pueden ayudarte a sentirte más en control de tu vida y reducir los niveles de estrés. Haz una lista de tareas pendientes y organiza tu tiempo para cumplir con tus responsabilidades.
7. **La socialización:** La conexión social y las relaciones saludables pueden ayudar a reducir los niveles de estrés. Busca apoyo en amigos, familiares o grupos de apoyo.

8. **El tiempo libre:** Dedica tiempo para hacer actividades que te gusten y te hagan sentir relajado y feliz. Lee un libro, mira una película, escucha música o practica un hobby.

Estas son solo algunas de las herramientas y técnicas que puedes utilizar para manejar el estrés. Recuerda que **lo más importante es encontrar lo que funciona mejor para ti** y practicarlo de manera regular.

6. DESCANSO Y RECUPERACIÓN

Cómo el descanso y la recuperación afectan tu rendimiento y cómo maximizar tu descanso.

El descanso y la recuperación son fundamentales para mantener un alto nivel de productividad y rendimiento. A menudo, la cultura de trabajo actual nos lleva a pensar que si trabajamos más horas al día, seremos más productivos, pero esto no es cierto. De hecho, **el exceso de trabajo y la falta de descanso pueden tener un impacto negativo** en nuestra salud y bienestar, así como en nuestro rendimiento.

En este capítulo, te mostraremos cómo maximizar tu descanso para mejorar tu productividad y rendimiento. Verás cómo el descanso adecuado puede aumentar tu concentración y creatividad, mejorar tu capacidad para resolver problemas y tomar decisiones importantes, y reducir tu estrés y ansiedad.

Aprenderás técnicas de relajación y meditación que te ayudarán a reducir el estrés y mejorar la calidad de tu sueño. Además, te proporcionaremos herramientas para planificar tus períodos de descanso y recuperación, de modo que puedas integrarlos en tu vida diaria sin sacrificar tu productividad.

Además, en este capítulo, te enseñaremos que **el descanso no**

es solo un lujo, sino una parte esencial de tu bienestar y rendimiento. Aprende a maximizar tu descanso y mejorar tu productividad a largo plazo".

6.1. Técnicas De Relajación Y Meditación Más Utilizadas

- **Respiración profunda:** La respiración profunda es una técnica simple pero efectiva para reducir el estrés y la ansiedad. Siéntate cómodamente con la espalda recta y coloca una mano sobre tu abdomen. Inhala profundamente por la nariz, siente cómo el aire llena tus pulmones y tu abdomen se expande. Exhala lentamente por la boca, sintiendo cómo tu abdomen se contrae.
- **Meditación guiada:** La meditación guiada es una técnica en la que alguien te guía a través de la meditación. Puedes encontrar meditaciones guiadas en línea o en aplicaciones para teléfonos móviles. La meditación guiada puede ayudarte a relajarte, reducir la ansiedad y mejorar la concentración.
- **Yoga:** El yoga es una forma de ejercicio que se enfoca en la respiración y la relajación. Muchas posturas de yoga pueden ayudarte a liberar la tensión muscular y reducir el estrés. Puedes encontrar clases de yoga en línea o en tu comunidad local.
- **Escuchar música relajante:** La música puede tener un efecto relajante en el cuerpo y la mente. Escuchar música relajante puede ayudarte a reducir el estrés y la ansiedad. Hay muchas listas de reproducción de música relajante disponibles en línea.
- **Visualización guiada:** La visualización guiada es una técnica en la que imaginas un lugar o situación que te hace sentir relajado y feliz. Puedes encontrar grabaciones de visualización guiada en línea o en aplicaciones para teléfonos móviles. La visualización

guiada puede ayudarte a relajarte y reducir la ansiedad.

6.2. El Descanso Es Fundamental Para Nuestro Bienestar Y Rendimiento

El descanso es una parte esencial de tu bienestar y rendimiento, y sin embargo, a menudo lo vemos como un lujo. En la era digital actual, estamos constantemente conectados y disponibles para los demás, lo que puede afectar negativamente nuestra capacidad para descansar y recuperarnos adecuadamente.

Cuando no descansamos lo suficiente, **nuestro cuerpo y nuestra mente se agotan**. Esto puede llevar a una disminución en nuestra capacidad de concentración, creatividad y toma de decisiones. Además, el estrés y la ansiedad pueden acumularse, lo que puede tener un impacto significativo en nuestra salud mental y física.

Por lo tanto, es importante que veas **el descanso como una parte esencial de tu rutina diaria**, no solo como algo que haces cuando tienes tiempo libre. Asegurarte de que duermes lo suficiente, y de calidad, es un primer paso importante. Además, considera incluir momentos de descanso activo durante el día, como hacer una caminata o meditar.

Aunque pueda parecer contraintuitivo, **descansar también puede aumentar tu productividad a largo plazo**. Cuando te permites descansar y recuperarte adecuadamente, puedes regresar a tus tareas con una mente clara y una energía renovada. Esto puede ayudarte a ser más eficiente y productivo en el largo plazo.

En resumen, **no subestimes la importancia del descanso** y la recuperación en tu vida diaria. Aprender a maximizar tu descanso puede mejorar tu productividad a largo plazo y tu bienestar general.

7. MOTIVACIÓN Y HÁBITOS

Cómo cultivar hábitos positivos y mantener la motivación a largo plazo.

Sabemos que establecer un buen hábito puede ser difícil, pero mantenerlo es aún más complicado. Por eso, es crucial aprender cómo mantener tu motivación y no caer en la tentación de abandonar tus metas.

Una de las claves para lograrlo es **identificar la razón por la que quieres establecer un hábito en primer lugar.** Si tus objetivos son claros y significativos para ti, tendrás una mayor motivación para trabajar en ellos a largo plazo.

Otra estrategia efectiva es **establecer pequeñas metas y celebrar tus logros**. Cuando te fijas objetivos realistas y los alcanzas, experimentas un sentimiento de logro que refuerza tu motivación. A su vez, esto te ayuda a mantener tu compromiso y aumenta la probabilidad de que continúes trabajando en tus objetivos.

También es importante tener en cuenta que el entorno en el que te encuentras puede influir en tu capacidad para mantener tus hábitos. **Es esencial rodearte de personas que apoyen tus metas y te motiven** a seguir adelante.

Además, es fundamental cuidar tu bienestar emocional y físico. **Descansar adecuadamente, comer bien, hacer ejercicio y reservar tiempo** para tus pasatiempos y relaciones personales pueden ayudarte a mantener un estado de ánimo positivo y establecer hábitos saludables y sostenibles.

Por último, recuerda que es normal tener altibajos en tu motivación. No te desanimes si pierdes la motivación temporalmente, en lugar de eso, **analiza qué factores pueden estar afectando tu compromiso** y ajusta tu plan en consecuencia.

En resumen, mantener hábitos positivos y una motivación sostenible son fundamentales para lograr tus objetivos a largo plazo. **Identifica tu "por qué"**, establece metas realistas, celebra tus logros, rodéate de un ambiente positivo y cuida tu bienestar para mejorar tu productividad y bienestar a largo plazo.

8. RESOLUCIÓN DE PROBLEMAS

Cómo resolver problemas y tomar decisiones importantes de manera efectiva.

En el apartado 8, vamos a hablar de cómo resolver problemas y tomar decisiones importantes de manera efectiva. Es común que cuando enfrentamos una situación difícil, nos sintamos abrumados y no sepamos cómo proceder. Pero hay ciertas técnicas que podemos utilizar para **hacer frente a los problemas y tomar decisiones importantes** con confianza y seguridad.

Primero, es importante identificar el problema con claridad. Define el problema con precisión y asegúrate de que entiendes todas las partes involucradas. Luego, busca soluciones potenciales. Piensa en todas las opciones posibles para abordar el problema, incluso las que pueden parecer poco convencionales.

Una vez que tengas una lista de posibles soluciones, evalúa las opciones. **Considera los pros y los contras de cada una** y cómo se relacionan con tus objetivos a largo plazo. A veces, es útil hacer una lista de las ventajas y desventajas de cada opción para ayudarte a decidir.

Cuando hayas evaluado tus opciones, toma una decisión. No

esperes demasiado tiempo para tomar una decisión, pero tampoco la tomes apresuradamente. **Tómate el tiempo suficiente para pensar en las opciones** y considera cómo afectarán a largo plazo.

Una vez que hayas tomado una decisión, es importante ponerla en acción. **Crea un plan de acción claro y establece un calendario** para implementar la solución. Si la solución no funciona, vuelve a evaluar y ajusta el plan según sea necesario.

Recuerda que es normal cometer errores. No te desanimes si tu primera solución no funciona. **Aprende de tus errores y vuelve a intentarlo.** Con práctica y experiencia, podrás tomar decisiones importantes con mayor confianza y efectividad.

Espero que esta información te haya sido útil. Recuerda que al abordar los problemas y tomar decisiones importantes de manera efectiva, puedes mejorar significativamente tu productividad y bienestar a largo plazo.

9. CÓMO MANTENER LA PRODUCTIVIDAD A LARGO PLAZO

Estrategias para mantener la motivación y la productividad sostenibles.

En este apartado, vamos a discutir las diferentes estrategias que puedes implementar para mantener la productividad a largo plazo. A continuación, te presento algunas opciones que puedes considerar:

- **Establece objetivos a largo plazo:** Si tienes objetivos claros y específicos para el futuro, esto puede ayudarte a mantener la motivación a largo plazo y seguir trabajando en lo que es importante para ti.
- **Divide tus objetivos en tareas más pequeñas:** Al dividir tus objetivos en tareas más manejables, podrás ver el progreso más fácilmente y mantenerte motivado en el camino.
- **Celebra tus éxitos:** Cada vez que alcances un objetivo importante, asegúrate de celebrar el logro. Esto puede ayudarte a mantener la motivación y recordar por qué te importa lo que estás haciendo.

- **Aprende a decir no:** Una parte importante de la gestión del tiempo es aprender a decir no a las cosas que no te importan tanto. Esto te permitirá concentrarte en lo que realmente te importa y maximizar tu tiempo.
- **Haz tiempo para tus pasatiempos:** Asegúrate de tomarte el tiempo para hacer las cosas que disfrutas y que te relajan. Esto puede ayudarte a reducir el estrés y aumentar tu energía para volver a tus tareas con mayor concentración.
- **Aprende de tus errores:** Si cometes errores o fracasas en algo, trata de aprender de ello en lugar de permitir que te desanime. Utiliza los errores como oportunidades para crecer y mejorar tus habilidades.
- **Rodéate de personas positivas:** Las personas que te rodean pueden tener un gran impacto en tu actitud y motivación. Trata de pasar tiempo con personas que te apoyen y te motiven.
- **Haz cambios cuando sea necesario:** Si sientes que algo no está funcionando para ti, no tengas miedo de hacer cambios. Esto puede incluir ajustar tu enfoque, cambiar tus rutinas o tomar un descanso si es necesario.

Espero que estas estrategias te ayuden a mantener la productividad y la motivación a largo plazo.

10. CONCLUSIONES

Resumen y consejos finales.

¡Llegamos al final de este viaje! En este último apartado, queremos resumir todo lo que hemos aprendido juntos a lo largo del libro. Esperamos que las herramientas y técnicas que has aprendido te hayan ayudado a mejorar tu productividad y bienestar.

Como habrás podido comprobar, **la gestión del tiempo y la productividad son esenciales para alcanzar tus objetivos y metas.** Pero, también es importante recordar que el éxito no solo se trata de trabajar más duro y más tiempo, sino también de cuidar de ti mismo y descansar adecuadamente.

Recuerda que **la motivación y los hábitos positivos son claves** para mantener una productividad sostenible a largo plazo. Y, por supuesto, no te rindas ante los obstáculos y problemas que se presenten en el camino, utiliza las estrategias que te hemos compartido para resolverlos de manera efectiva.

En resumen, **la gestión del tiempo y la productividad son habilidades** que se pueden aprender y mejorar con la práctica. Esperamos que este libro te haya proporcionado una base sólida para comentar o mejorar tu propio viaje hacia una vida más productiva y satisfactoria.

¡Gracias por leer y por confiar en nosotros! ¡Te deseamos todo lo mejor en tu camino hacia el éxito!

www.ingramcontent.com/pod-product-compliance
Lightning Source LLC
Chambersburg PA
CBHW072147230526
45467CB00040B/821